Was sage ich nach meinem Tod

Anregungen für eine sinnvolle „Nachrede"

Inhalt

6

Vorwort

Warum dieses Buch wichtig ist

Jeder sammelt im Leben im Laufe der Jahre unsäglich viele Erfahrungen und Einsichten und ist vielleicht auch zunehmend klüger und „weiser" geworden.

All dies ist am Ende des lebens unwiderbringlich verschwunden. Dies ist schade. Gesprächen mit Freunden und Bekannten habe ich entnommen, dass viele auch mit dem

„Wegschleichen" gern noch eine Art Botschaft oder einige Gedanken übermitteln möchten, die einem wichtig waren. Vielleicht reichen auch nur einige freundliche Abschiedsworte, die man vorher nicht mehr an Freunde, Bekannte oder Verwandte richten konnte.

Ein selbst verfasstes Nachwort kann für eine Trauergemeinde sinnvoller sein als die üblichen Lobesreden über den Verblichenen. Ein postmortem vorgelesener Text des Verstorbenen sollte zum Repertoire einer Totenfeier gehören. Konkret ist damit gemeint, dass der Text von einem Vertrauten vor der Trauergemeinde vorgetragen wird.

Einen angemessenen Text zu erfassen verlangt allerdings Zeit, Ideen und gute Überlegung. Sie sollten verfasst werden, wenn man sich noch in gutem mentalen Zustand befindet und können ständig ergänzt oder verändert werden.

Dieses Buch möchte eine wirksame Hilfe für alle sein, die gern selbst noch einige Worte an diejenigen richten wollen, die den letzten Gang begleiten.

Die einzelnen Nachruftexte in diesem Buch haben unterschiedliche Inhalte und Schwerpunkte. Sie sind als Anregung gedacht und nicht als komplette Version für den Schreiber. Man kann aus einem Muster-Nachwort auch nur wenige

Sätze, Absätze oder Formulierungen übernehmen Es gibt zahlreiche Möglichkeiten der Auswahl.

Der Inhalt sollte ganz individuell verfasst werden. Er kann ernst, heiter, nachdenklich, streng, originell, kurz oder lang sein.

Die Texte in diesem Buch sollen motivieren und helfen, selbst ans Werk zu gehen. Stellen Sie sich dabei vor, Sie würden „aus dem

Hintergrund" dabei sein und Ihre Worte hören.

Ergänzt wird dieses Buch durch die Kapitel „Interview" und „Stichworte"

Das angefügte Muster-Interview behandelt Fragen über das eigene Leben. Es kann als weitere Grundlage dienen für den eigenen Nachworttext dienen. Denkbar ist auch eine Verteilung bei der Trauerfeier als Erinnerung.

Ich wünsche allen Leserinnen und Lesern viele

12

Ideen und auch etwas Mut, um einen Text zu verfassen - „postmortem".

Nicht unerwähnt bleiben sollte auch, dass die Erinnerung an den Verstorbenen durch dessen Nachrede bei den Anwesenden nachhaltiger haften bleiben dürfte.

Heinz C. Pütz

Nachrede 1

Kurzer

Rückblick

Liebe Trauergäste,

Ich nehme hier und heute Postskriptum zum allerletzten Mal die Gelegenheit wahr, mir Gehör zu verschaffen - was ihr wegen meines bewegungslosen und kraftlosen Zustands sicherlich ungewohnt findet.

Vielleicht sehe ich alles vom Himmel und lache mich - zum zweiten Mal - tot, wie ihr euch wundert.

Es besteht nun eine ganz besondere Situation, da ich alles zu Gehör bringen kann - ohne dass irgendeiner von euch mir grollt oder etwa beschimpft.

17

Nun zur Sache: bevor das Grabloch zugeschaufelt wird, möchte ich mich zu einigen Dingen äußern, die mir am Herzen lagen.

Ich habe ein überwiegend schönes Leben gehabt und bin allen von Euch, die dazu beigetragen sehr dankbar. Gerade der Kontakt mit Menschen, die man schätzt, ist für das Wohlergehen unerlässlich. Vor allem erwähnen möchte ich das gemütliche Zusammensein mit vielen von Euch bei Geburtstagen und anderen Feierlichkeiten.

Als Mitglied bei mehreren Vereinen war ich immer

glücklich über die vielen Aktivitäten und möchte allen Mitgliedern für die harmonische Zusammenarbeit bedanken.

Ein guter Ausgleich zu meiner Arbeit war die Musik und das Lesen. Beides hat mir sehr viel Spaß gemacht. Auch war ich immer neugierig, was sich sonst noch alles in der Welt getan hat und habe mich viel mit Geschichte befasst.

Was mir leider im Umfeld nicht gefallen hat ist, dass viele Menschen nicht ihr positives Potential ausnutzen. Im Vergleich zur Musik meine ich, dass man Dur statt Moll spielen sollte. Warum muss man nachtragend sein oder oft die

Stimmung vermiesen. Wir
werden alle zur grauen Asche,
warum soll man dann im Leben
nicht farbenfrohe Akzente
setzen.

Vielleicht denken manche
darüber nach, bevor sie
unterirdisch Nachbarn von mir
werden.

Bevor ihr nun mein Geschwätz
leid werdet, ende ich mit dem
Wunsch, dass ihr mich in gutem
Gedächtnis halten werdet.

Eure / Euer.....................

Nachrede 2

Erinnerung

Liebe Trauergemeinde,

Ich habe mich gefreut, als ich
noch nicht in Asche war, eine
kleine Abschiedsrede zu
entwerfen. Ich halte und höre die
zwar hier und heute nicht mehr,
aber habe die Hoffnung, dass ihr
diesen Streich gut findet.

Meiner grauen Asche ist nicht
zu entnehmen, was in meinem
Leben alles geschehen ist.
Doch es bleibt einiges an
Materiellem zurück!

Bücher, Fotos, Klimbim - gutes
oder ähnlich so - verschwinden
irgendwo

Ich schwöre Stein und Bein -
alles Greifbare wird bald
vergessen sein. Man darf nicht

an allem kleben – so ist nun mal
das Leben

Ich habe aber auch Gutes für
euch Trauernde zu vermachen.
Die Erinnerung an viel Positives,
das zwischen uns geschehen ist,
kann nicht vergehen.
Das Zusammensein mit vielen
von Euch, die Gespräche und
vieles mehr haben mir sehr
gefallen.
In der Familie habe ich eine
Oase gefunden, die ein guter
Ausgleich zum Beruf war Leider
sind die Jahre allzu schnell
vergangen, aber es bleibt eine
glückliche Erinnerung.

Genutzt habe ich die vielen
kulturellen Angebote in unserer
Region, die ich gern

wahrgenommen habe. Auch die schönen Reisen - vor allem nach Italien und Portugal - haben mir Erholung und Freude gebracht.

Ich würde mich freuen, wenn ich nicht so schnell aus eurem Gedächtnis entschwinden würde. So bleibt noch etwas Wichtiges und Positives weiter bestehen.

Eure, Euer….. …………………..

Nachrede 3

Danke

Liebe Trauergäste,

sicherlich ist es ungewöhnlich und verwunderlich, sich nach seinem Ableben nochmal an Verwandte, Freunde und viele sonstige Bekannte zu wenden.

Es handelt sich um eine Dankes-Nachrede, die ich vor kurzem entworfen habe.

Es ist mir ein Anliegen gewesen, mich durch einige persönliche - jetzt vorgelesene Zeilen - zu verabschieden.

Es hat mich immer gefreut, wenn wir bei verschiedenen Anlässen zusammenkamen. Ich habe den menschlichen Kontakt mit euch mehr als alles andere geschätzt. Schade, dass dieser nun nicht mehr fortgesetzt werden kann.

Ganz besonders möchte ich mich bei Vielen von Euch bedanken für das Mitgefühl für meine Krankheit. Es hat mit gutgetan, nicht ganz alleine zu sein.

Eine Krankheit nimmt nun mal seinen Verkauf und ich bin dankbar für die vielen Jahre, wo es mir besser ging und ich intensiv am Leben teilnehmen konnte.

Ganz besonders danke ich meiner Familie, die mir einen besonders nachhaltigen Rückhalt gegeben hat. Ich habe gern an die Zeiten gedacht, wo wir „tutta la familia" zusammen gespielt und Vieles am Wochenende und in den Ferien unternommen haben. Insgesamt waren wir eine intakte Familie. Die kleinen Zwistigkeiten, die in jeder Familie vorkommen sind dagegen im nach hinein Peanuts.

Sehr gefreut haben mich die guten Kontakte und besonders in letzter Zeit die vielen aufmunternden Wünsche meiner Freunde. Sie haben mir sehr gut getan.

Auch den Nachbarn und vielen anderen Bekannten z.B. in meinen Vereinen, bin ich dankbar für ihr Verhalten. Ich hatte den Eindruck, dass man es mir mit meiner Krankheit leicht machen wollte.

Abschließend gilt mein Dank auch an alle, die medizinisch für einen möglichst erträglichen

29

Zustand gearbeitet und ihr Bestes getan haben.

Tröstlich ist für mich, dass ich bei meinem letzten Gang nicht alleine bin, wenn ich in den Boden gehoben werden, sondern ihr mich begleitet.

Dafür besonders herzlichen Dank.

Eure/Euer ....

Nachrede 4

Musik

31

Liebe Trauergemeinde,

vielen Dank, dass ihr mich bei meinem letzten Gang begleitet.

Obwohl ich mit Blick auf den Hit „Über den Wolken" in höhere Regionen entschwunden bin, möchte ich postmortem meine im Irdischen verfasste Rede vortragen lassen.

Es ist nichts Trauriges, sondern im Gegenteil Positives und Humorvolles.

Als Musikliebhaber kam mir die Idee, Teile meines Lebens vor Euch mit Musikbezügen zu unterbreiten. Ich hoffe, dass euch die folgenden Zeilen gefallen.

„Gezeugt und geboren wurde ich im Einklang und mit Bravour in höchsten Dur, wobei die Eltern sangen „Glory Halleluja".

Nach dem ersten Schrei krähte ich „Schön ist es auf der Welt zu sein", was ich allerdings später manchmal revidieren musste.

Nachher war „Mit 17 hat man noch Träume" lang mein geliebter Lieblingssong, was leider durch die Realität abgelöst wurde.

Für mich war Musik eine Bereicherung. Das gilt für klassische wie für leichte Musik. Wenn ich schlechter Laune war, konnte mich eine Sinfonie von Beethoven, der Bolero von Ravel oder guter Klavierjazz wieder aufrichten.

Mit Unbehagen hörte ich dagegen Blockflöte oder Dudelsack und auch mittelalterliche Choräle.

Wenn ich die „Wut über den verlorenen Groschen von Beethoven hörte, dachte ich an meine schwankenden Kontostände. Wie hätte das Stück ausgesehen, wenn es tausend Euro gewesen wären.

Nach der Schule dachte ich „Que sera what ever will be". Es wurde zum Glück etwas. Bei der Arbeit im Büro hatte ich manchmal allerdings die Melodie von „Schlaf mein Prinzchen schlaf ein" im Ohr. Ich war dann selten „in the mood". Abends hörte ich dann zum Auftauen Country-Musik oder Boogie-Woogie.

Gern hörte ich mit Zwanzig auch „Tanze mit mir in den Morgen", obwohl ich mich mit meiner Jugendliebe lieber auf „eine kleine Nachtmusik" konzentriert hätte.

Trotz vieler Reisen war ich noch „niemals in New York", aber gern in Rom, Paris und in dieser Stadt.

Gern träumte ich „If I were a Richman", was aber leider wegen der hohen Steuerbelastung nicht klappte.

Verliebt war ich fast immer in meine Partner. Wir schätzten besonders „Marmor Stein und Eisen bricht" und sangen darauf wie verrückt.

Hoffnung auf die Zukunft hatte ich als Jüngerer immer, denn der Song „Mit 66 Jahren fängt das Leben an" gab mir beruhigend die Vorfreude auf die dann wohl tollen Erlebnisse.

Aus meiner Erfahrung ist Musik ein vorzügliches Mittel für gute Stimmung und sollte im Leben eine wichtige Rolle spielen. Ich hatte das Motto „Dur statt Moll".

Ich hoffe mit meinem Text und dem Bezug zur Musik die

Trauerstimmung ein wenig angehoben zu haben.

Sicherlich wird es auch im Himmel gute Musik geben, dann hat sich mein eigenes irdisches Finale vielleicht sogar gelohnt.

Mein Lieblingslied „Oh danny boy" wird dann vielleicht engelszart mit Harfen gespielt.

Euch wünsche ich „eine gute Zeit" in Dur-Stimmung.

Eure, euer…………..

Nachrede 5

Dank an alle

Liebe Trauergäste,

**aus stillem Hintergrund - ohne
Regung, Atem und Gehör –
möchte ich zu Euch kurz etwas
mitteilen. Ich habe den Text
verfasst als ich noch in besserem
Zustand war. Mir liegt daran,
noch etwas zu übermitteln, bevor
ich in Regionen aufsteige, wo es
weder Smartphone, Facebook
und Whatsapp gibt.**

**Ich habe mich in meinem Leben
wohlgefühlt. Das hing auch
damit zusammen, dass das
Umfeld um mich herum stimmte.**

**Der Familie bin ich dankbar,
dass unser Zusammenleben trotz
gelegentlicher Probleme**

41

harmonisch war. Nicht immer war es leicht, die Erfordernisse des Alltags stressfrei zu bewältigen. Auch war es manchmal hohe Kunst, Beruf und Familie immer in Einklang zu bringen.

Froh war ich auch mit meiner Mitgliedschaft in verschiedenen Vereinen. Es tut gut, z.B. ein Hobby im Sport zu haben, das Spaß macht und auch noch die Fitness fördert. Dankbar bin ich auch für den guten Teamgeist meiner Vereinskameraden.

Im Chor gefiel mir nicht nur die Freude an der Musik und die Herausforderung, die richtigen Töne herauszubringen, sondern auch der freundschaftliche

Kontakt zu einigen der
Sangesfreunden.

Bei meiner Arbeitsstelle war
natürlich nicht jeder Tag ein
Sonntag. Nicht immer war ich
arbeitslustig. Ich fand aber das
Verhältnis zu Chef und Kollegen
fair und brauche mich nicht zu
beklagen. Der Stress hielt sich
im Rahmen.

Dankbar bin ich auch dem
Schicksal, das mich weitgehend
von ernsthaften Krankheizen
verschont hat. Sicherlich machen
auch Grippe und Kopfschmerzen
unwohl, aber das muss sein,
damit man zu schätzen weiß, was
Gesundheit für einen hohen
Stellenwert hat. Sicherlich hat

auch mein guter Hausarzt etwas dazu beigetragen.

Ich weiß, dass die genannten Pluspunkte bei mir nicht bei jedem zu vermelden sind.
Deshalb bin ich dem Schicksal oder den sonstigen Weichenstellern besonders dankbar.

Allen hier im Raum wünsche ich, dass die Pluspunkte im Leben überwiegen .

Ich freue mich, dass ihr mich auf meinem letzten Weg begleitet.

Eure, eure ………..

Nachrede 6

Träume

45

Liebe Trauergäste,

Vielen Dank für Euer Kommen und eure Bereitschaft, mich auf meinem letzten Weg zu begleiten.

Ihr werdet euch sicher wundern, denn ich möchte - wenn auch nur mit Worten - dabei sein. Es war mein Wunsch, still und im Hintergrund ein Abschiedswort an euch zu richten.

Der Inhalt war für mich eine schwierige Entscheidung. Ich nahm ein Thema, das mich fast ein ganzes Leben bewegt hat.

Ich möchte über meine Träume reden, die der Realität als eine andere denkbare Möglichkeit gegenüberstehen.

Ein Traum wäre zum Beispiel,

1. wenn alle Menschen gleich alt würden ohne Krankheiten. Es ist einfach ungerecht, wenn manche rauchen und trinken und 90 werden, dagegen andere vegan leben, Sport treiben und nur Sprudel trinken, aber mit 50 einen Herzinfarkt erleiden.

Traum wäre auch 2. , wenn Jeder die gleiche Intelligenz hätte. Manche wissen bestens wie man Steuern spart und sogar die Universität mit einem Prädikatsexamen verlässt. Andere müssen Mülleimer schieben oder im Lager schuften.

Als 3. wäre sehr erfreulich, wenn die Menschen friedlicher miteinander umgingen. Im

privaten Bereich wird so oft gestritten ohne dass sich dieser Streit lohnt. In der Politik sind zu viele militärische Auseinandersetzungen. Was könnte anstelle der Unsummen für Waffen nicht alles an positiven Aktivitäten geschehen.

Als 4. wäre die Begrenzung der Machtbefugnisse ein sinnvoller Wunsch. Sucht nach Macht ist ein Übel. Nicht selten gibt es Despoten in der Familie oder an der Arbeitsstelle. In vielen Ländern sind Autokraten vorzufinden, die Ihren Willen in egoistischer Manier ausüben.

Als 5. Möchte ich von besserer Bildung träumen. Mangelndes Wissen und einseitiges Denken ist etwas, was ich verabscheue. Allzu Viele kennen nur eine Richtung im Denken. Statt sich in der Glotze oder nur tropfenweise mit nur kleinen Wissensbrocken zu begnügen, würde ein größerer Wissenshorizont das Leben erleichtern und reicher machen.

Am Schluss möchte ich mir wünschen, dass die Menschen mehr träumten von den Möglichkeiten einer gerechteren Welt. Vielleicht wird dann auch mein Traum Wirklichkeit.

Euch allen wünsche ich, dass ihr standfest in der Realität steht, aber auch etwas träumt.

Eure/Euer ....

Nachrede 7

Dur & Moll

Liebe Trauergäste,
Ich nehme hier und heute
Postskriptum zum allerletzten
Mal die Gelegenheit wahr, mir
Gehör zu verschaffen, was euch
wegen meines bewegungslosen
und kraftlosen Zustands
sicherlich überrascht.
Vielleicht sehe ich alles vom
Himmel und lache mich - zum
zweiten Mal - tot, wie ihr euch
wundert.

Es besteht nun eine ganz
besondere Situation, da ich alles
zu Gehör bringen kann ohne dass
irgendeiner von euch mir grollt
oder mich am liebsten
beschimpft. Im Leben ist es ja
nun man so, dass man immer
Rücksicht nehmen sollte und

keinem weh tun möchte. Auch jetzt will ich keinem „die Meinung geigen", aber doch ehrlich zugeben, dass ich manchmal etwas stärker hätte auftreten sollen, wenn mir einiges nicht gefallen hat.

Nun zur Sache: bevor das Grabloch zugeschüttet wird ein paar Sachen die mir am Herzen liegen.

Ich habe ein überwiegend schönes Leben gehabt und bin allen von Euch, die dazu beigetragen sehr dankbar. Vor allem erwähnen möchte ich die vielen schönen Feiern und sonstigen Zusammenkünfte mit euch. Es war immer amüsant, aber auch ernsthaft, wenn nötig.

Die Reisen mit der Familie
waren immer ein Erlebnis, aber
auch manchmal stressig. Es ist
nicht immer leicht, alle unter
einen Hut zu bringen. Insgesamt
habe ich aber unsere Fahrten
und gemeinsamen Erlebnisse
sehr begrüßt.

Ein guter Ausgleich zu meiner
Arbeit war die Musik und das
Lesen. Beides hat mir sehr viel
Spaß gemacht. Auch war ich
immer neugierig, was in der
Politik und in der Stadt vorging.
die Spannung im Alltag erhöhte.
Dies machte mein Leben
spanneneder.

Was mir leider nicht gefallen hat
ist, dass viele nicht ihr positives
Potential ausnutzen. Im

Vergleich zur Musik meine ich, dass man Moll statt Dur spielen sollte. Warum muss man nachtragend sein oder oft die Stimmung vermiesen. Wir werden alle zur grauen Asche, warum soll man dann im Leben nicht farbenfrohe Akzente setzen. Vielleicht denken manche darüber nach, bevor sie später unterirdisch Nachbarn von mir werden.

Bevor ihr nun mein Geschwätz leid werdet, ende ich mit dem Wunsch, dass ihr mich in gutem Gedächtnis halten werdet.

Eure, euer...................

Nachrede 8

Sportlich

57

Liebe Trauergäste,

als sportlich Begeisterter möchte ich sicherlich in dieser meiner Postmortem -Nachrede einige humorvolle Vergleiche mit Sport und meinem Leben ziehen. Es hat mir bei der Erarbeitung Spaß gemacht und ich hoffe das Zuhören bei Euch auch.

Leider muss ich nun den Ball abgeben. Gern hätte ich noch weitergespielt, aber ich erhielt die rote Karte und musste vom Platz. Nun sitze ich abgestraft auf der Zuschauertribüne und kann in Ruhe ansehen, was denn die anderen Player so treiben.

Es gibt ja nun leider sehr viele Fouls, die nicht sein müssten. Im Heimspiel ist sich aber jeder der

Nächste und möchte auf dem Siegertreppchen stehen.

Im normalen Leben und im Sport finde ich die Macht des Geldes zu groß. Warum muss ein Trainer, Superkicker oder Firmenvortand zigmal mehr verdienen als der Durchschnitt. Es fehlt die Angemessenheit. Natürlich muss Können honoriert werden, aber wenn man Pech hat, kommt ein Eigentor und leidet länger als ein verschossener Elfmeter.

Oft bin ich in Abseitsfallen geraten. Neider und Kollegen haben mir auch ein Bein gestellt.

Gern wäre ich Libero gewesen, der mehr Freiheiten im Alltag hat. Aber das Umfeld ließ dies meistens nicht zu, dafür war der Hintergrund zu glitschig.

Ich habe mich stark für Fußball interessiert. Da kann man mehr Leuten auf die Füße treten. Schwimmen war für mich nichts - dafür war ich nicht nassforsch genug und ich wollte nicht, dass mir das Wasser bis zum Hals steht.

Boxen war kein Thema , denn es soll bei den vielen Wumms den Verstand lähmen. Das wenige im Kopf wollte ich aber doch schützen. Leichtathletik, wie u.a. Bocksringen war für mich tabu, da ich schon viele Böcke geschossen hatte.

Stabhochsprung wäre noch erstrebenswert gewesen, denn ich wollte immer schon hoch hinaus, aber die Angst vor dem Absprung hat mich abgehalten.

Radfahren wäre idealer gewesen, denn wer bei seinem Chef Rad fährt hat gute Aufstiegschancen.

So blieb im höheren Alter bei mir der Fußball in Verbindung mit einem guten Bier auf der Couch am Sonntagmittag.

Ich wünsche allen hier, dass ihr das Leben weiter mit edlem Sportgeist begleitet und euch bewusst werdet, dass auch das spannendste Match irgendwann zu Ende ist.

Eure, Eure..................

Nachrede 9

Kurzrede

Liebe Trauergäste,

Das Leben ist leider zu kurz. Aus der Asche heraus möchte ich daher nur etwas Kurzes rüberbringen:, und zwar tot, aber lebendig. Ich habe diese Zeilen verfasst als ich noch bei Sinnen war.

Ich könnt mich mal alle...

(Sprechpause!)

später beerdigen

Vorher wäre aber nett, wenn ihr gemeinsame Verknüpfungen zwischen uns andenkt. Mit vielen hatte ich guten Kontakt und habe das geschätzt. Leider war nicht immer genug Zeit für uns, was ich sehr bedaure.

Ich bedanke mich auch hier für die schönen Situationen in meinem Leben. Die schlechten sind ohnehin in meinem erloschenen Hirn vergessen.

Für die nächste Zeit wünsche ich allen Ausgeglichenheit und vor allem Gesundheit, damit Ihr nicht zu früh von diesem Planeten Abschied nehmt. .

Danke fürs Zuhören

Eure,euer.........

Nachrede 10

Frustriert

Liebe Trauergäste,

bevor ihr mich in die Unterwelt verfrachtet, möchte ich als letzte Gelegenheit meinen Groll über vieles in der Welt loswerden. Das konnte ich zu Lebzeiten selten, da ich dann eine schlechte Stimmung verbreitet hätte. Ich bitte um Nachsicht, wenn ich mich an dieser Stelle statt netter Worte auf Frustrationen focussiere.

Es ist aber ein gutes Gefühl hier eine absolut letzte Äußerung über mich zu Lebzeiten bewegende Themen zu tätigen. Sie sind in dem Sinne gemeint „Was ich noch sagen wollte."

- Was mich besonders gestört hat ist die Unvernunft, die weltweit

69

anzutreffen ist. Warum gibt es nach wie vor Kriege und Bedrohungen. Warum gibt man Unsummen für das Militär aus und weiß, dass Millionen Menschen verhungern. Für den Preis der Panzer, Bomber u. Co. könnte man Elendsviertel sanieren, in Forschung und Bildung investieren und den Wohlstand besser verteilen. Wo bleibt hier die Vernunft?
Ein leider nicht zu erfüllender Traum wäre, dass alle Länder die Militärausgaben in einen Topf schmissen und dafür sinnvolle Objekte finanzierten.

- Enttäuscht war ich auch von den Kirchen und der Religion. Trotz dem Gebot „Du sollst nicht töten" werden und wurden

Waffen gesegnet und konnten die Religionsführer nicht erreichen, mehr für den Frieden zu tun.

- Bei vielen Zeitgenossen sind einige Baustellen vielfach: Egoismus, Machtsucht, Kurzsichtigkeit und Kleingeisterei. Diese müssten ersetzt werden durch übergreifendes Denken.,
- Mit der Politik war ich sehr oft unzufrieden. Was mir besonders zuwider war ist, dass in vielen Ländern nur wenige Personen mit oft extremer Haltung das Sagen haben und die Bevölkerung das mitmacht. - Erschreckend finde ich die starken Unterschiede in den Einkommen und im Vermögen, Wer einen reichen Hintergrund

hat braucht sich keine Sorgen zu machen, während Menschen aus prekären Verhältnissen sich erfolglos abstrampeln, um einigermaßen leben zu können.

So – jetzt bin ich froh ohne physisch beteiligt zu sein einige meiner Gedanken losgeworden zu haben, die mich bewegt haben.

Wie es mit meinem kritischen Denken zukünftig sein wird, steht in den Sternen.

Euch allen wünsche ich weiter einen kritischen Geist und noch ein langes Leben zum Nachdenken.

Eure,Euer ....

Nachrede 11

Humor statt Trauer

Liebe Trauergäste,

Das Leben ist meist ernst. Ich habe vor dem Erbleichen meines Corpus daher gedacht, dass eine übliche ernste Rede hier an diesem Platz nicht sein muss.

Im Gegenteil werde ich hier den Humor herbeiholen, der auch die Trauerstimmung in meinem Sinne ein wenig wegfegt.

In meinem Leben habe ich versucht, viele Ereignisse mit einer humoristischen Brille zu sehen. So sehe ich auch den Tod nicht bierernst. „Wenn der Tod kommt, ist Sense!"

Mich haben meist Witze über Krankheit und Co. erheitert. Fangen wir also mit einem meiner Lieblingswitze an:

Ein Mann beim Arzt: - Herr Doktor, ich möchte 100 Jahre alt werden!
„ Rauchen Sie? „Nein.“
„ Essen Sie übermäßig?“ „Nein.“
„ Trinken Sie?“ „Nein.“
„Haben Sie Frauengeschichten?“ „Nein.“
Arzt: „Jetzt sagen Sie mir mal, warum wollen Sie dann so alt werden?

Natürlich ist Humor ist nicht mit Witzen zu verwechseln, obwohl natürlich gute und originelle auch dazu gehören. Echter Humor ist tiefgreifend und bedeutet vor allem eine positive Lebenseinstellung . Kurz: Dur statt Moll.

Wenn ich auf mein Leben zzrückblicke, dann fallen mir einige Szenene ein über die ich einfach schmunzeln muss.

Meine Eltern versuchten mir die Story vom Klapperstorch zu erzählen, obschon meine Spielkamaersden mich längst erschöpfend aufgeklärt hatten. Brav hörte ich angeblich „nichtwissend" zu.

Wenn ich zu wenig Taschengeld hatte, bat ich um eine von der Schule erbetene Spende, z.B. für anonyme Alkoholiker.

Ich mache mich auch lustig über manche Formulierungen bei Trauertexten, wie z.B.

- „Du bist nicht mehr da, wo Du warst, aber Du bist überall, wo wir sind."

Um Gottes Willen! Das wäe ja furchtbar, denn ich weiß ja nicht, ob ich überall gesehen werden möchte.

- Gute Menschen gleichen Sternen, sie leuchten noch lange nach ihrem Erlöschen."
Prima,, damit wäre ja dann das Energieproblem vom Tisch

- „Der Tod öffnet unbekannte Türen."
Da bin ich aber als krankhaft Neugieriger gespannt. Nicht dass man dann noch als Spanner enttarnt wird.

Was mich im Himmel erwartett
weiß ich nicht. Wie ich hörte
sieht es aber gut aus.

Im Himmel öffnet der Engländer
die Tür, der Franzose kocht, der
Italiener sorgt für Unterhaltung
und der Deutsche organisiert
alles.

Die Hölle muß dagegen
schrecklich sein. Hier öffnet der
Franzose die Tür, der Engländer
kocht, der Deutsche sorgt für
Unterhaltung und der Italiener
organisiert alles.

Am Schluss möchte aber noch
eine gute Sentenz zitieren. „Das
Schönste, was ein Mensch
hinterlassen kann, ist ein

Lächeln im Gesicht derjenigen, die an ihn denken."

Vielleicht lächelt ihr bei Gedanken an mich noch mehr, wenn ihr euch an meinen Humor erinnert.

Ich wünsche allen hier, dass ihr den Humor nicht vergesst.

Eure, Euer ....

Nachrede 12

Up and Down

Liebe Trauergäste,

Nun bin ich weg von allem Irdischen. Gern würde ich bei dieser eigenen Rede von mir sehen, wie ihr euch nett und würdevoll zurecht gemacht habt, um mich bei meinem letzten Gang zu begleiten. Eigentlich gehe ich ja nicht, sondern meine Überreste werden von euch getragen und begleitet. Hierfür schon mal herzlichen Dank und tröstet euch, zumal ihr beim Leichenschmaus weiter an mich denken könnt.

Wie alle von Euch hatte ich im Leben Up and Downs und gute Phasen und Situationen, aber auch schlechte. Zum Glück hielten sich diese die Waage.

83

Zu den schlechten, die den Blutdruck steigen ließen gehören die jährlichen Steuerklärungen, Bezahlung von Rechnungen, wenn das Konto im Minus war, bohrende Zahnschmerzen, Probleme beim Einschlafen und leider auch der Ärger über miese Fernsehprogramme und Regenwetter, wenn man einen schönen Ausflug geplant hatte. Dies ist mir nun alles erspart.

Überwogen haben die guten Seiten in meinem Leben.

Gern habe ich meine Lieblingsmusik gehört und war oft entrückt, was sich Mozart und Co. erdacht haben. Auch „Marmor, Stein und Eisen bricht" konnte ich stundenlang laut zur Freude meiner Nachbarn hören. Spannende Bücher konnten mich dem Alltag entrücken. Auch meine Lieblingsgerichte werde ich einschließlich eines leckeren Bierchens vermissen. Erwähnen möchte ich auch profane Genüsse wie das bedenkenlose Einschaufeln von Chips oder das stundenlange Duschen.

Immer Spaß hat mir der Kontakt mit einigen Freunden beim Skat gemacht, wenn ich auch oft verloren habe sowie die wöchentliche Probe im Gesangsverein.

Ganz besonders werden mir die Gespräche mit Euch fehlen. Für die vielen Gelegenheiten dazu danke ich Euch. Sie waren mir sehr wichtig.

Die Hoffnung bleibt, dass wir uns später im Himmel treffen. Dann lassen wir die Puppen und die Engel tanzen. Bis dahin wünsche ich, dass ihr noch viele Jahre die positiven Seiten des Lebens genießen könnt und gesund bleibt.

Eure /Euer.........

Nachrede 13

Gedicht
über mich

Liebe Trauergemeinde,

herzlichen Dank für euer Kommen.
Gerade vom Diesseits entschwunden, möchte ich mich postmortem an euch wenden mit diesem zu meinen Lebzeiten entworfenen Gedicht - wissend, dass das Leben nicht immer wie ein Gedicht ist.
„Entstanden in einer Liebesnacht
kam ich zur Welt – mit aller Macht
Es galt kein Ja oder nein
Ich hatte nun auf der Welt zu sein
Sehr lecker schmeckte dem kleinen Knilch
die süße Muttermilch

89

Als Kind genoss ich das schöne Leben
Manchmal aber bekam ich eine kleben
Meist aber vom Elternpärchen
Bekam ich viele Gummibärchen
Die nächsten Jahre flossen dahin
Ich merkte weiter wer ich bin
Am Anfang zwar noch nicht viel
entwickelte ich ein eigenes Profil
Mit 18 sagte ich meinem Nest Good-buy
Und fühlte mich entsetzlich frei
Die Vielfalt der Welt zu erleben
War mein Bestreben
Ich erkannte das Leben aus verschiedener Sicht
im Schatten und im Licht
Ich hatte auch erhöhten Drang
Nach Wein, Weib und Gesang

Manchmal genoss ich zusammen
alle drei
Das ist mir jetzt aber einerlei
Nun dachte ich bevor ich sterb
Kümmere dich um den
Broterwerb
Bei vielen Jobs war ich nicht
high
Und fühlte mich nicht frei
Auch war mit dem Moos
Oft nicht viel los
Ich ließ mich aber nicht lumpen
um Moneten ins Konto zu
pumpen

Als Rentner war ich nun frei wie
ein Huhn
und brauche nichts zu tun

**Was kann ich melden als
Essenz?**

91

Es gab nicht nur den schönen
Lenz
Blicke ich zurück auf die vielen
Jahre
sträuben sich manchmal meine
Haare
Oftmals hatte ich keine Lust
Und lebte mit großem Frust
Insgesamt- dazu ich steh
war mein Leben aber ok
Gern würde ich aber nochmal
starten Aber darauf würde ich
lange warten.

Am Ende erlaubt mir einen
klugen Spruch
„Lebt gut und klug
Irgendwann ist mal genug"

Eure/Euer ……………..

92

Nachrede 14

organischer
Lebenslauf

Liebe Trauergemeinde,

außerherzlichen Dank für eure Begleitung zu meinem letzten Gang. Außerherzlich, weil mein Herz nach unendlich vielen Jahren aufgehört hat zu schlagen und jetzt sprichwörtlich außer sich ist.

Ich habe mir als der Puls noch normal schlug überlegt, was bei einer Trauerfeier das angemessene Thema sein könnte. Was ich erlebt habe, was ich beruflich machte und was mir gefallen hat ist teilweise bekannt.

Weil Gesundheit für Jeden so wichtig ist, möchte ich mein Leben hier einmal aus der Perspektive einiger körperlicher

Aspekte schildern, die im Laufe
meines Daseins gegeben waren,

Mein Blutdruck war im
Normbereich - außer wenn etwas
sehr Nerviges war. Einmal bei
einer Tagesmessung stieg dieser
auf über 200 als ich die
Steuererklärung erhielt. Auch
als ich meine Frau kennenlernte
stieg dieser vermutlich auf
deutlich über 200 an, was
natürlich verständlich war.

Bauchschmerzen hatte ich öfter,
wenn meine Frau kochte und ich
keine rote Ampel kannte. Auch
vor Besprechungen mit meinem
Chef war oft ein unwohles
Brummen zu spüren.
Kopfschmerzen kannte ich öfter,
wenn ich z.B. mein Konto ansah.

Manche sagten von mir ich sei halsstarrig , das stimmt nicht denn ich bekomme nur bei einigen Zeitgenossen einen Hals.

Manches ist mir stark auf den Magen geschlagen, wie nerviges Gezänke über Kleinkram.

Die Blutwerte waren meist normal. Ich hätte nur manchmal etwas mehr Phosphor gebraucht.

Sehen konnte ich meist gut, aber manche Leute konnte ich einfach nicht mehr sehen.

Zum Glück brauche ich auf die genannten Zustände und Werte nicht mehr zu achten. Die erwähnten kleinen Probleme sind aber nur medical ein Teil meines Menschseins. Ich hoffe, dass ihr auch die positiven Seiten kennt.

Ich hatte eine gesunde Einstellung zum Leben. Kleine Zipperlein gehörten nun mal dazu. Ich rate allen, auf die Gesundheit zu achten, aber auch nicht zu übertreiben. Starkes Rauchen, fettes Essen und kein Sport freuen die Rentenkasse.

Ich danke allen für unsere Kontakte, die ja nun leider nicht mehr fortgesetzt werden können. Vielleicht sehen wird uns im Jenseits hinter dem „Schwarzen Loch" wieder. Da hat man ohnehin mit Körperlichkeit nichts am Bändel.

Eure/Euer ....

Nachrede 15

Modernes

Liebe Trauergemeinde,

vielen Dank für Ihr Kommen,
um meine Hinterlassenschaft auf
dem Weg zum Friedhof zu
begleiten.

Ich möchte hier vor dieser
Runde als schriftliche
Hinterlassenschaft einfach
einige Gedanken loswerden, die
ich im Leben hatte.

Wenn es auch seltsam klingen
mag, bin ich wegen einiger
spannender Entwicklungen
traurig, jetzt zu verschwinden.
Ständig habe ich Neuerungen
erlebt, die weitere kleine
Verbesserungen brachten.

Einige Neuerungen und
Veränderungen der letzten

Jahre allerdings finde ich garnicht gut. Ich kann das ja nun vor euch hier ausdrücken, denn zu Lebzeiten wären mir die Enkel ins Gesicht gesprungen, wenn ich auch die meiner Meinung nach bestehenden Schattenseiten moderner Technologie ausgebreitet hätte.

Der technische Fortschritt erleichtert den Alltag sehr. Zwischen Handy, Youtube, WhatsApp oder Navi liegen Meilensteine gegenüber den Möglichkeiten in meiner Jugend. Selbst mit viel Phantasie hätte man sich diese modernen Kommunikationsmittel nicht vorstellen können.

Es gibt aber auch Nachteile.

Beim Handy und Smartphone bin ich jederzeit – egal wo - zu erreichen. Das wollte ich zwar oft, aber nicht immer. Beim normalen Telefon habe ich nur abgehoben, wenn ich wollte. Jetzt kann passieren, dass ich mitten bei einer wichtigen Beschäftigung abheben muss, denn sonst sieht das komisch aus und man meint ich würde pennen. Außerdem wird durch das leichte Handling viel zu viel Quatsch erzählt. Das erlebt man als unfreiwilliger Mithörer in der Bahn und anderen Orten. Gut finde ich Youtube. Es ermöglich z.B. bei Musik Millionen Zugriffe. Dies ist super und davon habe ich auch profitiert.

Mails zu bekommen erleichtert die Kommunikation. Leider bekam ich aber soviel Spams, dass ein Teil meiner Zeit zum Löschen nötig war. Ich konnte dies aber nicht pauschal tun, weil – teuflischerweise – ab und zu doch eine seriöse Mail dabei war.

Chicke Klamotten werden einem durch die vielen Läden fast nachgeschmissen. Ich konnte deshalb rasch die alten Klamotten wegwerfen, wenn mir danach war. Nur schade, dass man dabei nicht an die Arbeitsbedingungen bei vielen modischen Artikeln .in den Entwicklungsländern denkt.

Werbung ist zum lästigen **Anhängsel im Fernsehen und** anderswo geworden. Ich bedaure die Zeit, die man sich die Spots ansieht. Nicht immer hat man Lust dann aufzustehen und sich einen Snack zu holen.

Das vielfältige Angebot bei Produkten und Dienstleistungen ist erfreulich. Wegen vieler Fremdwörter muss man sich manchmal allerdings fachspezifisch auskennen, um alles zu verstehen. Es werden dann Fragen gestellt wie „Hast du einen account? „Melden Sie sich beim case management an" „Was haben Sie für ein Rating?" Die Freizeitmöglichkeiten sind dagegen – auch wegen vieler preiswerter Flugreisen – enorm gewachsen. Dies ist ein enormer Schub für die Lebensqualität.

So, jetzt habe ich meine Meinung zu einigen Veränderungen im Lande kundgetan. Insgesamt sind die meisten zu begrüßen und es bleibt zu hoffen, dass es positiv weitergeht und die Vorteile überwiegen.

Euch allen wünsche ich, dass die diversen Neuerungen euch nutzen und das Wohlgefühl heben.

Eure/Euer ....

Nachrede 16

Gesundheit

Liebe Trauergemeinde,

Herzlichen Dank für euer Kommen.

ich freue mich, dass ich - obwohl bereits verblichen - neben der physischen auch eine kleine geistige Hinterlassenschaft vor euch präsentieren kann.

Ich habe lange überlegt, was ich mitteilen soll. Es gibt viele Dinge, über die ich noch etwas sagen möchte am Ende des Lebens, das mich bewegt hat. Ich habe das Thema Gesundheit genommen, das wohl alle – und natürlich auch mich –berührt hat.

Gesundheit ist ein komplexer Begriff. Es gibt Kranke, die

fühlen sich gesund und Gesunde sich krank.

Ich kenne einige, die meinen immer irgendetwas zu haben und nehmen spezielle Tees, Artikel aus dem Reformhaus und Tabletten. Nach meinem Eindruck hilft das nicht viel. Es hilft allerdings den Ärzten und Apothekern viel für das Konto. Pardon: Ich habe gerade nur die Hälfte erwähnt. Ich meine natürlich auch die Ärztinnen und Apothekerinnen, um korrekt in Genderdeutsch zu informieren.

Es gibt Schlankheitsfetichisten. Jedes Gramm wird registriert und der Genuss am Essen kastriert. Dabei streiten sich die Ärzte immer noch, ob leicht

Übergewichtige früher in den Himmel kommen als schmale Hemden.

Ein Trost: Wie in meinem aktuellen Zustand bleiben am Ende ohnehin nur wenige Gramm übrig.

Viele lesen die Ratschläge aus der Apothekenrundschau und die teuren Heilsbringer in Form von Anzeigen. Wenn man die Werbeanzeigen konsequent als Kauftipp verwirklichen würde, müsste man alle Zipperlein, inklusive Koronar-Insuffizienz, hinwegfegen.

Oft hilft es mehr, natürliche Aktivitäten zu nutzen. Eine

Stunde Sport hilft mehr als 1 Gramm Pillen.

Zum körperlichen Bereich gehört Bewegung und „kluge" Nahrungsaufnahme.

Für die geistige Gesundheit sollte man seinen Geist in Bewegung halten. Dazu ist das einsame Fernsehprogramm auf der gemütlichen Couch mit Chips nicht geeignet, wohl aber Lesen und Gespräche mit Freunden sowie weitere anspruchsvolle Dinge.

Viele Ärzte wissen bei einem Patienten nicht genau, was Sache ist und dokteren herum. Es wird dann oft selbst im Internet recherchiert. Davor kann ich nur warnen, denn da können Dramen entstehen, wenn man Zusammenhänge nicht kennt und einordnen kann. Für die Fitness ist ein ausgewogenes sportliches Programm sinnvoll. Es muss aber nicht so sein, dass man keuchend durch den Stadtwald hechtet.

Jetzt habe ich aber sicherlich kluges Zeug genug zum Thema Gesundheit gesagt und euch nicht gelangweilt.

Bleibt gesund und handelt so, dass ihr noch Spaß am Leben habt.

Eure/Euer ....

Nachrede 17

Wirtschaft

Liebe Trauergemeinde,

Herzlichen Dank für euer Kommen.

ich freue mich, dass ich - obwohl bereits nicht mehr physisch vorhanden – zu euch durch einen anderen Redner sprechen kann.

Ich habe in letzter Zeit öfter an dem Text gearbeitet und kam dabei zu der Überlegung, dass eine typische Grabrede nicht meine Sache ist. Sicherlich bin ich ein guter Mensch, war anständig und habe keine Gewalt angewendet. Das sollen andere eventuell in ihren Reden erwähnen.

Ich habe mir gedacht, als Mann, der im kaufmännischen Bereich

114

tätig war, Begriffe und Sprache aus der Wirtschaft mit meinem Leben zu verknüpfen. Damit bleibe ich auch nach meiner Ateminsolvenz im bekannten Fachbereich.

Starten möchte ich mit meinem eigenen Start-up.

Nach Rüstzeiten von 9 Monaten hatten sich die überschaubaren Investitionskosten in unvergleichlicher Höhe rentiert. Das Einsatzkapital in Form von Sperma und Ei divergierte zu Null. Lediglich die Werbekosten schlugen zu Buche, denn mein Vater hatte keine Mühen gescheut für vorbereitende Marketingkosten.

Auch meine weitere Entwicklung ließ bald den Break-Even-point erreichen. Hier war dies mit dem Zeitpunkt gemeint, wo die Arbeit mit dem Kid durch Freude an der Entwicklung belohnt wurde.

Die Fixkosten wurden streng beachtet, Meine Eltern sorgten durch ständige Preisvergleiche, dass die variablen Entwicklungskosten optimiert waren

Nach Entlassung aus der Familienfirma machte ich eine Marktresearch, um die Renditechancen für meinen kognitiven Einsatz zu auszuloten.

Ich sah mich in Branchen um,
die weniger volatil waren, also
die Höhen und Tiefen in
Grenzen blieben.

Firmen in den ich tätig war,
gingen nicht Pleite – was
sicherlich uneindeutig auf mich
rückzuführen war.

Geld habe ich in Aktien angelegt.
Da Geheimnis des Erfolges ist
super einfach. Man muss nur
günstig einkaufen und günstig
verkaufen.

Bis ich das gelernt hatte, gingen
aber einige Moneten trotz
Chartanalyse mit unsanfter
Melodie flöten.

Wie jedes Unternehmen ist auch die Existenz ständig bedroht. Marktchancen verfallen und das Management ist nicht immer allem gewachsen.

Leider konnte mein Gesundheitsmanagement trotz Coach und Beratungskosten dem stürmischen Umweltdruck nicht mehr standhalten und meldete Insolvenz an.

Ich darf aber versichern, dass noch eine kleine Quote übrig ist, damit das Begräbnisessen - an dem ihr nochmal an mich denken könnt - ohne Kontoüberziehung möglich ist.

Eure/Euer.........

Nachrede 18

Sünden

Liebe Trauergäste,

Vielen Dank für Euer Kommen und die Bereitschaft, mich auf meinem letzten Weg zu begleiten.

Ich nehme – unüblich – die Gelegenheit wahr, einen Text verlesen zu lassen, den ich noch mitten im Leben verfasst habe.

Ich habe mir gedacht, dass meistens kluge Reden zur Trauer passen, aber trotzdem andere mehr humorvolle Worte interessanter wären.

Hier kam ich auf die Idee, einmal aufzuführen, was nicht so superideal bei mir war. Es bleibt ja unter uns ! - und im Himmel spielt das keine Rolle.

Als Kind habe ich manchmal „Aua" geschrien, obwohl mir nichts wehtat. Ersehnt war allerdings das tröstende Verhalten meiner Mutter und die Leckerlies als Ausgleich,

In der Schule habe ich manchmal angeblich wegen Unwohlsein gefehlt, wenn eine blöde Klassenarbeit anstand. Das unstressige Verbleiben zuhause war mir sehr viel lieber.

In dr Liebe wird viel gelogen. Auch ich habe manchmal überrieben indem ich zu viel lobte Wer sagt auch seinem Schwarm, dass die neue Frisur keinesfalls so toll aussieht.

Ganz selten war ich als
Schwarzfahrer unterwegs.
Einmal stieg mir der Blutdruck
sicherlich auf über 200 als ich in
der Straßenbahn ohne
Fahrschein den Kontrolleur
auch mich zukommen sah.
Justament war Haltestelle und
der gute Mann stieg aus.

Auch mein Arzt hat nicht immer
den braven Patienten erlebt.
Viele Tabletten flossen statt in
die Speiseröhre letztlich in den
Mülleimer, weil ich die Tabletten
nicht vertrug oder vergessen
hatte. Natürlich traute ich mich
nicht, das dem Arzt zu sagen.

Das Finanzamt hat mich meist
als ehrlichen Steuerzahler
erlebt. Mehr erwähne ich nicht,

sonst werde ich vielleicht noch später wieder ausgegraben.

Diplomatie war die Ursache, dass ich bei Einladungen nicht immer mein wahres Urteil kund tat. Wer will denn schon sagen, dass das Essen oder der Wein nicht schmeckte.

Es gab mal einen Karnevalshit „Wir sind alle kleine Sünderlein". Im kleinen Stil wird auch der Herrgott dies allen verzeihen. Der wird auch mir sicherlich Absolution erteilen und mich nicht an die Konkurrenz – die Hölle – übermitteln.

Alles Gute

Eure/Euer ....

Nachrede 19

Kleine Freuden

Liebe Trauergäste,

ich bin sehr dankbar, dass ihr gekommen seid, um mich das letzte Mal zu begleiten.

Leider kann ich nicht mehr leibhaftig danken – allerdings doch durch diesen kleinen Text, den ich zu Lebzeiten gestaltet habe. So bin ich zugegen, aber nur im Hintergrund als aschfahle Masse.

Bei der Überlegung, was ich als besonders weltbewegende und großartige Worte von mir geben könnte, ist mir nichts eingefallen. Weltbewegendes und Großes war nicht mein Ding.

Aber ich habe mir gedacht, warum soll ich nicht einmal über **Kleinigkeiten** etwas sagen, die im

Leben auch glücklich machen können. Es muss nicht die tolle Reise, das neue Auto oder der neue Job sein.

Ich möchte daher über ein paar kleinere Situationen, Freuden und Glückmacher reden, die mich im Leben berührt haben.

- Nach einer Gewebeprobe erfuhr ich, dass diese nicht bösartig ist

- als ich die Pfeife meines Vaters gutmeinend in die Spülmaschine gesteckt hatte und dieser mir dies trotzdem nicht übel nahm

- ich zum ersten Mals mein Neugeborenes in den Arm nehmen konnte

- ich mit der Bahn schwarz gefahren war und nicht erwischt wurde

- der erste zaghafte Kuss

- mein erstes verdientes Geld

- die Spannung, die letzten Seiten eines tollen Krimis zu lesen

- die ersten Sonnenstrahlen im Frühling auf dem Balkon zu genießen

- den Duft des Rasens nach einem starken Regen einzuatmen

- meine Kreditkarte an einem Sonntag im Automaten einfach verschwand und ich zum Glück in einer Rocktasche noch 20 Euro entdeckte

- das Glücksgefühl, weil ich zurück in die Federn konnte, wenn sonntags um 6 Uhr der Wecker klingelte und ich den in die Ecke knallen konnte - oder so

- Besonders genossen habe ich die freie Stunde nach einem besonders anstrengenden Tag

Mit diesen kleinen Episoden möchte ich meine Aufzählung beenden. Ich bin fest der Überzeugung, dass wenn wir auch die einfachen Freuden genießen können, dies eine entscheidende Auswirkung auf unser Leben hat.

Eure/Euer ....

Nachrede 20

Sprüche

Liebe Trauergäste,

herzlichen – oder vielmehr durch meine fehlende Pumpleistung bedingt – herzreduzierten Dank für euer Kommen.

Ungewohnt ist sicher, dass ich euch um Gehör bitte, obschon meine Zeit abgelaufen ist.

Ich hatte die ungewöhnliche Idee, meine vor einiger Zeit verfassten Zeilen postmortem an diesem Ort verlesen zu lassen – quasi als allerletztes Wort.

Ich hatte viele Gedanken über einen möglichen Text. Es gab eben zu viel, was mich interessierte und wo ich meinen Senf dazugeben könnte.

Ich dachte mir, dass es reizvoll sein könnte, welche klugen Sentenzen, Sprichwörter etc. an mir vorbeigezogen sind und wie ich darüber gedacht habe.

Hier nun eine kleine Auswahl:

„Beurteile den einzelnen Tag nicht nach der Ernte, die du einfährst, sondern nach der Saat, die du pflanzt."

Dies unterscheidet Geber- von Nehmertypen. Gern wird genommen, aber der eigene Output ist gering.

„Wir leben alle unter dem gleichen Himmel, aber wir haben nicht alle den gleichen Horizont." (Konrad Adenauer)

Diese wahre Erkenntnis habe ich ständig als Wahrheit erlebt.

„Verantwortlich ist man nicht nur für das was man tut, sondern auch für das, was man nicht tut." (Laotse)

Dieser weise Satz sollte Viele zum Nachdenken bringen. Durch eigene Passivität kann man Schuld auf sich laden, wenn dadurch negative Entwicklung nicht verhindert werden.

-„Natürlicher Verstand kann fast jeden Grad von Bildung ersetzen, aber keine Bildung den natürlichen Verstand." (Schopenhauer)"

Leider ist der natürliche Verstand bei Vielen Mangelware.

„Im Leben geht es nicht darum, gute Karten zu haben, sondern auch mit einem schlechten Blatt gut zu spielen."

Dies bedeutet einfach, das Beste aus Situationen zu machen.

Nach dieser kleinen Auswahl möchte ich noch an euch alle hier einen wirklich praktisch verwertbaren Spruch zitieren mit dem ich mich nun endgültig verabschiede

„ Man kann dem Leben nicht mehr Tage geben, aber den Tagen mehr Leben."

Eure/Euer ....

Anregungen für das Verfassen Ihrer eigenen Nachrede

Schauen Sie sich die vielen Grabreden an und nutzen dadurch Anregungen. Sie können einzelne Abschnitte oder Sätze übernehmen oder auch einzelne Inhalte je nach individuellen Gegebenheiten variieren.
Gehen Sie auch die Fragen im „Interview" durch.

Am besten beginnen Sie, wenn es Ihnen noch gut geht. Nehmen Sie sich Zeit, am besten während mehrerer „Sitzungen".

Sorgen Sie beim Texten für ein angenehmes Umfeld, so können sich die Gedanken besser entfalten.

Lassen Sie vor allem Ihr Gefühl sprechen und nicht nur den Verstand.

Der Text sollte vor allem im positiven Geist gestaltet sein.

Stellen Sie sich vor, Sie wären tatsächlich bei der Trauerfeier im Hintergrund.

Arbeite Sie im Laufe der Zeit weiter am Text, wenn Ihnen etwas Neues einfällt.

Bestimmen Sie, wer - evtl. alternativ - vorlesen soll.

Stichworte für mögliche Inhalte

- **Geburtsjahr**

- **Geburtsort**

- **Kindheit**

- **Eltern**

- **Großeltern**

- **Geschwister**

- **Nachbarn**

- **Schule**

- **Streiche u.ä. als Kind**

- **Lieblingsfächer**

- **Lehrer**

- **Leben zu Hause**

- **Freunde**

- **Ausbildung**

- **Weiterbildung**

- **Jugendliebe**

- **Hochzeit**

- **Urlaube**

- **Freizeit**

- **Hobbies**

- **Leseinteresse**

- **Musikinteresse**

- **Kunstinteresse**

- **Vereinsmitglied-**
  schaft

- **Arbeitsstelle**

- **Kollegen**

- **Politisches**
  Engagement

- **Ärgernisse**

- **Erfreuliches**

- **Krankheiten**

- **Finanzlage**

143

- **Besondere Erfolge**

- **Misserfolge**

- **Freizeit**

- **Eigene Reime**

- **Zitate von Dichtern**

- **Ratschläge**

- **Wünsche an Anwesende**

- **Danksagung**

INTERVIEW

Fragen über
wichtige Seiten
deines Lebens

145

Die folgenden
Fragen sind nur als
Beispiel und
Anregung gedacht
und können ergänzt
oder ignoriert
werden.

Bist du mit deinem
Geschlecht zufrieden oder
wärst die lieber als
Junge/Mädchen geboren`?
A ....

Was machten deine Eltern?
A ....

Bist du gern zur Schule
gegangen?
A
....

Was waren deine Lieblingsfächer in der weiterführenden Schule

A

....

Welches Fach liebtest du nicht?

A...

Kannst du dich an einen Lieblingslehrer erinnern?

A...............................

Wo warst Du nach der Grundschule?

A...

148

Was war dein Berufswunsch
während der Schule?

A...
....

Was hast du nach der Schule
gelernt?

A...
.....

Wo war dein erster
Arbeitsplatz?

A...

Welche anderen
Arbeitsplätze hattest du bis
zuletzt?

A..................................

Was wäre dein Traumberuf?

A..................................

Wann hast du dich das 1.Mal
verliebt?

A..................................

Worauf bist du besonders
stolz?

A..................................

Wann hast du geheiratet?

A................................

Was machen deine Kinder?

A................................

Was sind deine Hobbies?

A................................

Was ärgert dich am meisten
im Leben?

A................................

Welche Musik hörst du am
liebsten?

A................................

Was war im Leben das schönste Ereignis ?

A..................................

Worüber ärgerst du dich am meisten?

A..................................

Was war die schönste Reise?

A..................................

Was würdest du gern ändern, wenn du an der Regierung wärst?

A..................................

Was war dein Lieblingssport?

A.....................................

Warst du mal ernsthaft
krank?

A.....................................

Engagierst du dich
ehrenamtlich?

A.....................................

Hast Du besonders
schwerwiegende Ereignisse
erlebt?

A.....................................

153

Wenn du dich selbst einschätzt: Was sind deine guten und was die weniger guten Seiten?

A.....................................

Gibt es etwas, auf das du nicht verzichten könntest?

A.....................................

Was war dein Lieblingsessen?

A.....................................

Spendest du für einen guten Zweck?

A.....................................

Bist du in einem Verein?

A..

Hattest du ein
Lebensmotto?

A..

Wem möchtest du – wenn
zutreffend später im Himmel
begegnen?

A
....

Eigene Notizen

157

162

——————————————

——————————————

——————————————

——————————————

——————————————

——————————————

167

Autor

Heinz C. Pütz ist Autor diverser Publikationen-.
Nach dem Wirtschaftsstudium an der Uni Köln war er u.a. Dozent, Fachautor und Vorstand eines Kreditmanagementverbandes. Mit wachsendem Interesse hat er sich nach seiner Pensionierung in den letzten Jahren mit Themen des Alltags befasst. Vor allem gehören dazu Humor und Sprache. Genannt seien als

Auswahl seine Bücher
„Anglizismen und andere
Fremdwords"
"Häufige Fachbegriffe kurz
erklärt"
„Köln für Junggebliebene"
„Krank mit Humor",
„Alt mit Humor" und „Henrys
Seniorenwitze"

Das vorliegende Buch liegt ihm
in besonderer Weise am
Herzen. Nach seiner Meinung
sollte am Ende des Lebens
jeder Mensch noch „posthum"
etwas Besonderes sagen, was
ihn bewegt hat.

Das Buch gibt Anregungen für
das Gestalten durch zahlreiche
Muster-Nachreden.